# When I Am Gloomy

## Kur jam në humor të keq

Sam Sagolski
Illustrated by Daria Smyslova

[www.kidkiddos.com](www.kidkiddos.com)
Copyright ©2025 by KidKiddos Books Ltd.
support@kidkiddos.com

All rights reserved. No part of this book may be reproduced in any form or by any electronic or mechanical means, including information storage and retrieval systems, without written permission from the publisher, except in the case of a reviewer, who may quote brief passages embodied in critical articles or in a review.
First edition, 2025

Translated from English by Vaelza Golemi
Përkthyer nga anglishtja nga Vaelza Golemi

**Library and Archives Canada Cataloguing in Publication**
When I Am Gloomy (English Albanian Bilingual edition)/Shelley Admont
ISBN: 978-1-0497-0647-4 paperback
ISBN: 978-1-0497-0648-1 hardcover
ISBN: 978-1-0497-0649-8 eBook

Please note that the English and Albanian versions of the story have been written to be as close as possible. However, in some cases they differ in order to accommodate nuances and fluidity of each language.

One cloudy morning, I woke up feeling gloomy.

*Një mëngjes me re, u zgjova në humor të keq.*

I got out of bed, wrapped myself in my favorite blanket, and walked into the living room.

*U ngrita nga shtrati, u mbështolla me batanijen time të preferuar dhe hyra në dhomën e ndenjjes.*

"Mommy!" I called. "I'm in a bad mood."
*"Mami!", thirra. "Jam në humor të keq."*

Mom looked up from her book. "Bad? Why do you say that, darling?" she asked.
*Mami ngriti kokën nga libri i saj. "Në humor të keq? Pse e thua këtë, zemër?", pyeti ajo.*

"Look at my face!" I said, pointing to my furrowed brows. Mom smiled gently.
*"Ma shiko pak fytyrën!", i thashë, duke i treguar vetullat e mia të ngrysura. Mami buzëqeshi lehtë.*

"I don't have a happy face today," I mumbled. "Do you still love me when I'm gloomy?"
*"Nuk e kam të gëzuar fytyrën sot!", mërmërita. "A më do edhe kur jam ngrysur?"*

"Of course I do," Mom said. "When you're gloomy, I want to be close to you, give you a big hug, and cheer you up."

"*Sigurisht që po*", *tha mami. "Kur je e ngrysur, dua të jem pranë teje, të të përqafoj fort dhe të të sjell humorin."*

That made me feel a little better, but only for a second, because then I started thinking about all my other moods.

*Kjo më bëri të ndihem pak më mirë, por vetëm për një çast, sepse menjëherë më pas, më erdhën ndërmend të gjitha gjendjet e mia shpirtërore.*

"So… do you still love me when I'm angry?"
*"Domethënë… ti më do edhe kur jam e zemëruar?"*

Mom smiled again. "Of course I do!"
*Mami buzëqeshi përsëri. "Sigurisht që po!"*

"Are you sure?" I asked, crossing my arms.
*"Je e sigurt?", e pyeta, duke kryqëzuar krahët.*

"Even when you're mad, I'm still your mom. And I love you just the same."

*"Edhe kur je e zemëruar, unë jam nëna jote. Dhe të dua po njësoj."*

I took a big breath. "What about when I'm shy?" I whispered.

*Unë mora frymë thellë. "Po kur jam e ndrojtur?", pëshpërita.*

"I love you when you're shy too," she said. "Remember when you hid behind me and didn't want to talk to the new neighbor?"

*"Edhe kur je e ndrojtur, të dua", tha ajo. "Të kujtohet si fshiheshe pas meje, sepse nuk doje të flisje me atë komshiun e sapoardhur?"*

I nodded. I remembered it well.

*Pohova me kokë. E mbaja mend mirë.*

"And then you said hello and made a new friend. I was so proud of you."

*"Pastaj e përshëndete dhe u bëre me një shok të ri. U ndjeva shumë krenare për ty."*

"Do you still love me when I ask too many questions?" I continued.

*"Vazhdon të më duash edhe kur të bëj shumë pyetje?", vazhdova unë.*

"When you ask a lot of questions, like now, I get to watch you learn new things that make you smarter and stronger every day," Mom answered. "And yes, I still love you."

*"Kur më bën shumë pyetje, si tani, shoh që mëson gjëra të reja që të bëjnë më të zgjuar dhe më të fortë çdo ditë", u përgjigj mami. "Dhe po, vazhdoj të dua."*

"What if I don't feel like talking at all?" I continued asking.
*"Po sikur të mos kem fare dëshirë të flas?", vijova me pyetjet.*

"Come here," she said. I climbed into her lap and rested my head on her shoulder.
*"Eja këtu", tha ajo. Iu ula në prehër dhe e mbështeta kokën në shpatullën e saj.*

"When you don't feel like talking and just want to be quiet, you start using your imagination. I love seeing what you create," Mom answered.

*"Kur nuk ke dëshirë të flasësh dhe do vetëm të heshtësh, ti nis të përdorësh imagjinatën. Më pëlqen të shoh çfarë krijon përmes saj", u përgjigj mami.*

Then she whispered in my ear, "I love you when you're quiet too."

*Pastaj më pëshpëriti pranë veshit: "Unë të dua edhe kur nuk flet."*

"But do you still love me when I'm afraid?" I asked.
*"Vazhdon të më duash edhe kur jam e frikësuar?", e pyeta.*

"Always," said Mom. "When you're scared, I help you check that there are no monsters under the bed or in the closet."
*"Gjithmonë", tha mami. "Kur je e frikësuar, të ndihmoj të shohësh që s'ka përbindësha nën shtrat apo në dollap."*

She kissed me on the forehead. "You are so brave, my sweetheart."

*Ajo më puthi në ballë. "Je shumë e guximshme, ëmbëlakja ime!"*

"And when you're tired," she added softly, "I cover you with your blanket, bring you your teddy bear, and sing you our special song."

*"Dhe kur je e lodhur", shtoi ajo butësisht, "të mbuloj me batanijen tënde, të sjell arushin prej pelushi dhe të këndoj këngën tonë."*

"What if I have too much energy?" I asked, jumping to my feet.

*"Po sikur të ndihem shumë energjike?", e pyeta duke brofur përpjetë.*

She laughed. "When you're full of energy, we go biking, skip rope, or run around outside together. I love doing all those things with you!"

*Ajo qeshi. "Kur je plot energji, ne dalim me biçikletë, kërcejmë me litar ose vrapojmë jashtë së bashku. Më pëlqen t'i bëj të gjitha këto me ty!"*

"But do you love me when I don't want to eat broccoli?" I stuck out my tongue.

*"Por a më do kur nuk dua të ha brokoli?", fola, duke nxjerrë paksa gjuhën.*

Mom chuckled. "Like that time you slipped your broccoli to Max? He liked it a lot."

*Mami qeshi lehtë. "Si atëherë kur ia dhe brokolin Maksit? Atij i pëlqeu shumë."*

"You saw that?" I asked.
*"E pe ti?", pyeta.*

"Of course I did. And I still love you, even then."
*"Sigurisht që po. Dhe të dua gjithmonë, edhe atëherë të doja."*

I thought for a moment, then asked one last question:
*Për një moment, rashë në mendime. Pastaj bëra një pyetje të fundit:*

"Mommy, if you love me when I'm gloomy or mad… do you still love me when I'm happy?"
*"Mami, nëse më do kur jam e trishtuar ose e zemëruar… a më do edhe kur jam e lumtur?"*

"Oh, sweetheart," she said, hugging me again, "when you're happy, I'm happy too."
*"Oh, zemër", tha ajo, duke më përqafuar përsëri, "kur je e lumtur ti, jam e lumtur edhe unë."*

She kissed me on the forehead and added, "I love you when you're happy just as much as I love you when you're sad, or mad, or shy, or tired."
*Ajo më puthi në ballë dhe shtoi: "Të dua kur je e lumtur, po aq sa të dua kur je e trishtuar, e zemëruar, e ndrojtur, apo e lodhur."*

I snuggled close and smiled. "So… you love me all the time?" I asked.

*Iu struka në gji dhe buzëqesha. "Pra… më do gjithë kohës?", e pyeta.*

"All the time," she said. "Every mood, every day, I love you always."

*"Gjithë kohës", tha ajo. "Në çdo gjendje shpirtërore, çdo ditë... Të dua gjithmonë."*

As she spoke, I started feeling something warm in my heart.

*Ndërsa e dëgjoja të fliste, ndjeva një valë ngrohtësie të më pushtonte zemrën.*

I looked outside and saw the clouds floating away. The sky was turning blue, and the sun came out.

*Hodha sytë jashtë dhe pashë retë të largoheshin. Qielli po bëhej blu dhe doli dielli.*

It looked like it was going to be a beautiful day after all.

*Me sa dukej, pavarësisht gjithçkaje, do të ishte një ditë e bukur.*

www.ingramcontent.com/pod-product-compliance
Lightning Source LLC
LaVergne TN
LVHW072106060526
838200LV00061B/4818